广西全民阅读书系

广西全民阅读书系

杨舒 著

陈思语 绘

中国光学之父王大珩

小学版

广西出版传媒集团 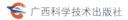 广西科学技术出版社

图书在版编目（CIP）数据

中国光学之父王大珩 / 杨舒著 ; 陈思语绘 . —— 南宁 : 广西科学技术
出版社 , 2025.4. —— ISBN 978 - 7 - 5551 - 2439 - 9

Ⅰ . K826.11 - 49

中国国家版本馆 CIP 数据核字第 2025733ZJ6 号

ZHONGGUO GUANGXUE ZHI FU WANG DAHENG
中国光学之父王大珩

总 策 划　利来友

监　　制　黄敏娴　赖铭洪
责任编辑　邓　霞
责任校对　冯　靖
装帧设计　李彦媛　黄妙婕　杨若媛　梁　良
责任印制　陆　弟

出 版 人　岑　刚
出　　版　广西科学技术出版社
　　　　　广西南宁市东葛路 66 号　邮政编码　530023
发行电话　0771 - 5842790
印　　装　广西民族印刷包装集团有限公司
开　　本　710mm × 1030mm　1 / 16
印　　张　3.25
字　　数　47 千字
版次印次　2025 年 4 月第 1 版　2025 年 4 月第 1 次印刷
书　　号　ISBN 978 - 7 - 5551 - 2439 - 9
定　　价　19.80 元

只有国家的国防强大了，才有武力击退侵略者，才能自立于民族之林！

—— 王大珩

看，在浩瀚无垠的太空中，有一颗小行星正遨游寰宇，光耀苍穹！它是那样闪耀，而又那样圣洁。

说起这颗星，可是大有来头。1997年2月15日，它被中国科学院国家天文台用天文望远镜发现，编号为17693。后来，经国际天文学联合会小天体命名委员会批准，被正式命名为"王大珩星"。

17693

　　王大珩是谁？为什么要以他的名字来命名？

　　说起来，他的一生与光有着不解之缘，他被誉为"中国光学之父"，是中国光学学会的创始人之一，创建了中国第一所光机研究所，创办了中国第一所光学专业高等院校，更组织领导熔炼出了中国第一炉光学玻璃。

　　他，就是中国光学事业的奠基人、中国科学院院士、中国工程院院士王大珩。

　　人们以这样的方式来纪念他。如今，每当我们向着这颗星星的方向仰望，便会想起这样一位用一生来"追光"的战略科学家。

1915 年 2 月 26 日，在日本东京国家天文台附近的一座住宅中传出了一阵响亮的啼哭声，一个健康的中国男婴出生了。

这个在异国他乡出生的男孩就是王大珩。

王家祖籍江苏省吴县（今苏州市）。这个时候，父亲王应伟作为中国留学生，一边在日本中央气象台担任研究人员，一边继续深造。为什么要留学？甲午战争后，日本强迫清政府签订《马关条约》。外寇欺凌，国家受辱，王应伟目睹了这一切，因此立志留学，希望学有所成后报效祖国。

身处动荡年代，"开眼看世界"的王应伟既为中国的贫弱痛心，又痛恨日本的无耻行径，虽然身在异乡，但始终没有忘记"师夷长技、科学救国"的初心。

因此，面对儿子的出生，他高兴极了，为王大珩取了一个小名——"小膺东"，寓意是"满腔义愤打击日本帝国主义"。这个小名，奠定了王大珩一生的爱国底色。

思乡心切，很快，满怀爱国热情的王应伟一家决定回国。于是，只有7个月大的王大珩随着父母，登上了一艘驶离日本岛的轮船，回到了他们阔别已久的故乡——中国。

　　才几岁时，王大珩就表现出了超出同龄人的聪颖。

　　母亲周秀清在闲暇时，喜欢教王大珩认字，她发现儿子竟然有过目不忘的本领，没有多久就学会了上千个汉字和简单的算术。周秀清告诉王应伟这件事时，王应伟还不信，专门把王大珩叫来当面仔细考问。果然，这个孩子能够对答如流。既然有这样的天赋，王大珩很快就被送进了学校——当时北平（今北京）非常著名的孔德学校。

上学这一年，王大珩才刚刚5岁。他是班里年纪最小的孩子，也是个子最小的。他上讲台写答案都够不着黑板，需要踩小凳子，成绩却是班上最好的。

不仅如此，从小学到中学，他一路保持着优等生的水平。聪明、求知欲强的王大珩不仅是家中弟弟妹妹眼中的榜样，更是同学眼中令人佩服的"小老师"，展现出非凡的天资。

正常的教学进度，常让王大珩觉得"不解渴"。就以数学这一学科为例，王大珩嫌数学课上得太慢，就忍不住自己翻书自学高年级的课程，加上父亲的辅导，初中毕业时，王大珩已经学到了高中数学。读高中以后，他又提前开始学习大学数学。这一切令老师惊叹不已。也正是早年积累了这样扎实深厚的数学知识，为后来王大珩投身科学研究打下坚实的基础。

　　王大珩的父亲王应伟是一位科研人员，回国后，长期从事气象、天文、磁力等方面的研究工作。在当时简陋的条件下，他还成功研制了第一台国产风力计。

　　一天，父亲让王大珩端来一杯水，然后插进去一根筷子。水面下，本来笔直的筷子看上去有些弯曲。"这就是折射，一种光学现象。"父亲说。"原来光学这么有趣！"这一奇妙的场景，让年幼的王大珩牢牢记住了"光学"这个名词。

　　上小学时，父亲带他做地磁观测；上初中时，父亲手把手教他做气象观测；上高中时，父亲安排他到青岛观象台做小练习生……平日里，许多天文、地理、物理、化学方面的小知识，都是父亲以"润物细无声"的方式教给王大珩的，科学的种子也由此在他幼小的心灵中生根发芽。

　　父亲王应伟治学非常严谨。他时常告诫王大珩，对待科学探索，既要看结果，也要重视解决问题的过程。

　　四年级时，老师出了一道鸡兔同笼题，说的是在一个笼子里养了许多鸡和兔子，已知两者加起来一共30个头和100条腿，问究竟养了多少只兔子，多少只鸡。结果，这道题难住了全班学生，只有王大珩一个人说出了正确答案——10只鸡，20只兔子！

　　那时，王大珩还没有学过复杂的数学公式，但他脑子转得很快，迅速用数数的方式找到了答案。

　　受到了老师和同学的肯定和赞美，王大珩回家后喜滋滋地把这件事情告诉了父亲。没想到，父亲并没有夸奖他，反而问他："你是怎么得到结果的？"当得知王大珩是用数数的方式得出的结果，父亲的表情立刻严肃了起来。"这是耍小聪明！这种方法是不对的！"父亲语重心长地告诉王大珩，"要想获得准确的结果，就要运用准确的计算方式。要关注解题的过程，这才是学习应该有的态度！"随后，父亲教了他这道题的正确解题方法，王大珩很快掌握了推理方法和计算公式。多年后，王大珩对这件事仍念念不忘，记忆犹新。

　　1932 年，王大珩以优异的成绩从当时的青岛私立礼贤中学校毕业。在报考大学时，"学霸"王大珩又一次让大家大吃一惊——在父亲的支持下，他一口气报考了三所大学：清华大学、南开大学和青岛大学。

　　那时还没有全国统一的大学考试，各个大学都是自行命题，分别组织考试，再发榜录取。王大珩踏上考场，过五关，斩六将。不久，录取通知陆续发出，王大珩竟然被这三所大学同时录取了！

　　在南开大学的录取榜单上，王大珩排名第一；在清华大学的榜上，王大珩排在第十五名；在青岛大学的榜单上，他进入了前十名。

　　"当然要上清华大学！"经过反复考量，父亲帮他做出了决定。那一年，17岁的王大珩就此走进了清华大学的校门，攻读物理专业。

　　清华大学是全国学术水平最高的大学之一。当时的理学院名师云集，有叶企孙、吴有训、周培源等，他们都是学术造诣很高的科学家。其中，对王大珩影响最大的是理学院院长、物理系主任叶企孙。

　　叶企孙很欣赏王大珩的才华，他特别注重在学习中不断启发、引导王大珩。一次，叶企孙给了王大珩一本统计物理学的德文专著，要他在规定时间内读完并写出见解。这可难住了王大珩。因为他虽然在高中时学过德文，但并不精通，还不能流利地阅读原著。但是，在叶企孙的耐心鼓励下，王大珩决定接受任务和挑战。他借来了字典等工具书，沉下心来查阅大量资料，边学边读边想，最终把这部德文著作"啃"了下来，并融会贯通，写下了阅读心得，德文也因此大有长进。

　　王大珩求学时，清华大学物理系主张培养学生"重
质不重量"。

　　入学时，物理系共有28名学生，但经过日常学习
中的一道道严格考核，许多学生跟不上进度，或觉得
自己不适合学物理，就陆陆续续转系或转校了。到了
大二，系里的学生一下子少了一半。最后，坚持到毕
业的只有9个人，聪明好学且有恒心的王大珩就在其中。

　　这些同学里，就有后来的"两弹一星"元勋钱三
强等著名科学家。

大学时的王大珩，在努力学习的同时也非常关心家国命运。

九一八事变爆发后，日本帝国主义占领我国东北三省，并向华北逼近，国民党当局却妥协退让。

1935 年 12 月 9 日这一天，北平的热血青年学生们团结在一起，聚集成长队，在寒风中走向街头，向当局示威游行，振臂高呼"打倒日本帝国主义""停止内战，一致对外""用武力保护华北"等口号。

在这场浩大的一二·九运动中，王大珩作为积极分子，参与了发起运动的提议，并在那一天从清晨到深夜，始终在队伍中奋力呐喊！

第二年，清华大学组织学生到南方进行为期 3 周的毕业参观。一路上，王大珩目睹了一伙日本武士欺负中国人的暴行。

这再次深深刺痛了他——落后就要挨打啊！

1937年，七七事变爆发，日本帝国主义对中国发动全面侵略战争！

　　这时，王大珩已顺利本科毕业，开始攻读清华大学核物理专业的研究生。然而，时局动荡，北平被日本人攻占。危急之下，王大珩只能随老师周培源一起南下寻找出路。

　　逃难的人群从天津到青岛，从青岛到上海，又从上海来到了江苏。在宜兴乡下，王大珩整整住了一个月，对农民的疾苦和农村的落后感同身受。一路上，外夷的侵略和亡国的威胁强烈地冲击着年轻的王大珩，民族责任感和忧患意识在他的胸中升腾涌动。

$$h\nu = E_n - E_m$$

$$E_n = E_1 n^2$$

$$p^2 c^2 = E^2 -$$

$$E = MC^2$$

　　周培源告诉王大珩："应当把改变我国落后的面貌作为我们的责任，我们要救国，有多少事情要做啊！要把眼光放开，不能把自己圈在纯粹物理的小范围内。"

　　这让王大珩进一步坚定了自己的想法——只有国家的国防强大了，才有武力击退侵略者，才能自立于民族之林！

时局兵荒马乱，王大珩眼看江河沦丧却报国无门，痛苦郁闷之时，传来了赴英国"庚款留学"开始招考的消息。

这是一项公费留学项目，目的是资助优秀的中国高校助教和毕业生前往英国留学，学习先进知识，为国培养人才。王大珩参加的这届留学考试，报名人数多达439人，最后仅仅录取了20人。而王大珩又一次脱颖而出。

1938 年，怀揣着忍辱求学、科学救国的信念，王大珩登上了一艘大客船，像当年的父亲一样，远赴异国，到伦敦大学帝国理工学院物理系攻读技术光学专业。

在轮船上，面对汹涌澎湃的大海，他与留学的中国同伴们击掌为誓——要在英国努力学习，学到国外的先进技术后，将来回到祖国，共建强国大业！

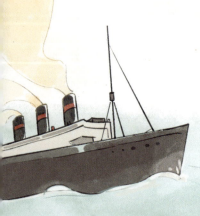

王大珩没有食言。留学期间，他很快练就了一口流利的英语，一天到晚埋头于实验室中做实验、搞研究，每天在住处与实验室间"两点一线"，几乎没有去过伦敦的任何一个景点。为了省下钱补贴家里，王大珩过着极为俭朴的生活，在学校附近租了一间"鸽子笼"大小的房间，仅能放下一桌、一椅和一床。他每天的三餐都是在实验室里随便凑合吃几口。

中国光学之父王大珩

　　功夫不负有心人。1941年，他的一篇光学研究论文在《伦敦物理学会会刊》上发表。这篇论文在学术界受到了高度评价，在之后的几十年间，更是不断地被各种教科书引用、借鉴，甚至还启发、推动了现代照相机技术的相关研究和进步。随着这篇文章的发表，王大珩也开始在光学界崭露头角。

　　然而，在他读研的第二年，第二次世界大战爆发，伦敦遭遇大轰炸，许多留学生开始考虑回国。目光敏锐的王大珩却没有害怕，他发现，光学玻璃在战争武器中被大量使用，需求量骤然增多。这种在当时制造技术高度保密的尖端产品对国家具有极大的价值，值得他进行更深入的研究。

　　"我的祖国需要这种技术！"王大珩说。为此，在战争造成的乱世中，他仍决意申请进入谢菲尔德大学玻璃制造系，跟随著名的玻璃学家特纳教授攻读博士学位。

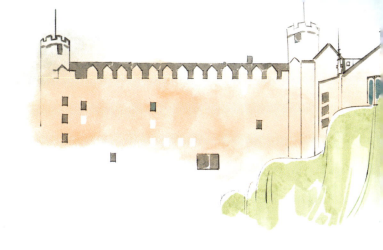

　　1942 年春，另一个机遇出现了——英国最大的玻璃制造公司昌司急需一名从事技术光学研究的物理师，好友推荐了王大珩。这家公司是当时世界上最早从事光学玻璃生产的厂商之一，极少雇用外国人。对王大珩来说，这是一次难得的机会。

　　但此时，王大珩的博士论文还没有完成。一旦入职，他就等于要放弃即将到手的博士学位，这将对他未来的前途造成很大的影响。有些朋友劝他："一旦放弃博士学位，回国后，你可能会求职不顺，就只能做个副教授了！"

　　但王大珩没有犹豫，他打定主意，婉拒了导师的挽留，放弃学位，入职昌司。

　　"实践证明我的选择是正确的！"王大珩后来回忆，在昌司的 6 年工作非但没有白费，还帮助他开阔了视野，提升了理念，学到了真本领，也打下了深厚的科研基础。

　　这段留学和工作经历也让他明白了一个道理——"真正做起事情来，我们中国人绝不会比人家差！"

　　身在遥远异国，心却与祖国紧紧相连。

　　1946 年，王大珩从老同学钱三强口中了解到了国内的革命形势变化，这令他对中国共产党心生仰慕和向往。

　　他立即与钱三强、何泽慧、彭桓武等好朋友约定：随时准备辞掉工作，做好回国准备，待到形势明朗后就回去，为将来建设一个强盛的中国效力。

　　两年后，历经一个月的航程，王大珩回到祖国，准备迎接新中国的成立。

　　那时，从清华大学吴有训教授口中，他得知中国共产党将在东北解放区创立大连大学，急需有能力有志气的高级知识分子前往相助。多年苦于报国无门的王大珩激动地说出了两个字："我去！"

　　后来，王大珩回忆说："我那时候从国外归来，有两条路。一条路是昌司公司仍打电报来苦苦挽留，承诺优厚的待遇，要我回去继续工作，还有一条路是到解放区来。我没走第一条路，我到解放区来了。我要为祖国、为我们民族做些事情。"

一进入东北解放区，他立刻感觉到一股春风般的温暖，共产党人的真诚热情，令他钦佩。

大连大学是中国共产党创办的第一所新型正规大学，其工学院是如今大连理工大学的前身。王大珩很快被任命为大连大学物理系主任。考虑到中国最急需的是大批能解决实际问题的应用型人才，王大珩提议："要办就办个应用物理系！"

创办应用物理系，说起来容易，做起来难。放眼一看，没有人员，没有教材，没有实验室，也没有仪器，一切必须从零开始。王大珩四处联络引才，系里很快就有了 18 名教职工。他亲自审教材、定教案，自己登台授课，同时旁听其他老师授课，随时给出建议，带领大家很快就把应用物理系办了起来。

那实验课怎么开？"自己动手，丰衣足食"，王大珩决定带领教授和实验人员创建一间实验室。那时，大连当地有个西岗破烂市场，一到周末，王大珩就拉着身边人到破烂市场"寻宝"。很快，他们就在市场上发现了旧秒表、旧天平、旧望远镜筒、旧的高级电位差计等宝贝。有一次，他们还淘到了一块能做光学玻璃的好材料！

利用这些器材，大家自己动手制作出多种实验仪器，王大珩还亲自设计制造出了分光仪等当时很先进的仪器。实验室很快就建起来了，这个被大家笑称为"用破烂市场武装起来的物理实验室"，在短时间内就达到了当时国内大学的领先水平。

　　在大连大学任教期间，他经常帮助和极为爱护青年学生，对他们寄予了很高的期望。

　　在课堂上，王大珩不仅重视传授理论知识，也很重视启发学生开拓思维。学生回忆，王大珩特别善于向学生提问题、出考题，并与生活中的实际应用场景紧密结合。他常问学生："马向前拉车，车向后拉马，车为什么能向前走？""请设计一种方法，让人可以在一楼和二楼都能随意开关楼梯中间的一盏电灯。"……各式各样的有趣问题，让学生在思考中更好地掌握知识。

王大珩还是一位严格的老师。

每次学生到实验室做光学实验时，王大珩总是先站在实验室的门口，对学生说："你们要想进去，先要回答我的问题。"比如，今天的实验具体要解决哪些问题？要采集哪些数据，观察哪些物理现象？只有准确回答出问题的学生，王大珩才会放进去，否则就要留在门口思考。

等学生的实验都做完了，王大珩会要求每个学生独立写出实验报告，说明观察到了哪些现象，呈现了哪些原理，能够解决哪些问题。对于这些报告，他都要一一认真批改。

　　1951 年，新中国还没有能力制造大型光学设备，照相机、显微镜等精密仪器也造不出来，只能从国外进口。这对国防科技事业和工业发展都是极为不利的。

　　于是，中国科学院决定从零开始，在吉林长春建立专门的仪器制造机构——中国科学院仪器馆（建成后几度易名，为中国科学院长春光学精密机械与物理研究所前身，后文简称长春光机所）。36 岁的王大珩作为光学专家，担当起了建馆的重任。

　　万事开头难。在一片满是弹片和弹坑的废墟之上，王大珩没有气馁，他带领团队一砖一瓦地把仪器馆组建起来。砌好玻璃熔炉，盖好玻璃熔制厂房后，光学玻璃的研制工作很快就开展起来了。王大珩回忆，那时真的是"全体三班倒，日夜在炉旁"，顶着高温，常常忘记吃饭和睡觉，每人轮流 24 小时不间断地搅拌玻璃液。

光学玻璃是一切光学仪器生产的基础。为此，王大珩专门将清华大学的学长龚祖同请来，任命他为光学玻璃实验室主任，并拿出了从英国带回来的光学玻璃配方。怀揣着多年的知识与经验，他们一起下定决心：一定要把中国的光学玻璃搞出来！

光学玻璃的熔炼工序复杂。经历了多次失败后，终于，在1953年12月，中国第一炉光学玻璃熔制成功！这次成功结束了中国没有光学玻璃的历史，为中国光学事业的发展奠定了基础。

工作有了起色后，中国科学院各个研究所只要需要科研仪器和设备，他们首先就会想到找王大珩。在很长一段时间里，中国科学院的人都常把这句话挂在嘴边：没东西就找王大珩要去！

1956 年，王大珩提出电子显微镜试制计划，但遭到苏联专家质疑："就目前中国精密仪器的落后现状来看，12 年内你们中国根本就不可能做出电子显微镜。"对此，王大珩不服！

王大珩始终认为，靠进口不是长久之计，中国还是要自主制造出电子显微镜。

1958 年 4 月，电子光学专家黄兰友的来访让王大珩看到了希望。当得知黄兰友也有制造显微镜的计划后，王大珩立刻就决定：马上做！并开始全力支持黄兰友开展电子显微镜的技术攻关工作。

中国第一台高温金相显微镜

中国第一台晶体谱仪

中国第一台电子显微镜

1958 年 8 月，中国第一台电子显微镜在长春光机所研制成功！那段时期，长春光机所做出了一大批突出的科研成果，包括万能工具显微镜、大型水晶摄谱仪、电子显微镜、晶体谱仪、高精度经纬仪、高温金相显微镜、多倍投影仪和光电测距仪 8 种光学精密仪器，号称"八大件"，一举奠定了我国国产精密光学仪器的基础。

　　这一年 10 月，中国科学院在北京举办了自然科学跃进成果展览会，展出了 3 000 余件展品，长春光机所研制的"八大件"也亮相了。展览会共有 440 多家单位近 4 万人次参观，并受到党和国家领导人的关怀和重视。10 月 27 日，毛泽东特意前来参观，并对长春光机所的这些成果赞赏不已！

　　王大珩的另一项重要贡献，是参与研制"两弹一星"。光学在其中的作用就是研制与"两弹一星"有关的观察、观测用的仪器设备。

　　"两弹一星"的任务下来后，王大珩立即着手研究切实可行的方案。他带领研究小组用一辆手推车从仓库里拉出来三车设备和材料，仅用了一周时间，就建立起了一间简易的实验室。他们利用现有的高速摄影机进行技术改造，加班加点，反复试验，一年后完成了样机研制并通过鉴定，两年内完成10台摄影机的改造。

　　1964年10月16日，一朵巨大的蘑菇云在罗布泊腾空而起——我国第一颗原子弹成功爆炸！布置在现场的各类光学仪器全部由王大珩团队自主研制，它们准确地拍摄记录下了爆炸现场的情况。这一切，为我国后来进一步改进原子弹提供了有力的资料支撑。

　　20世纪60年代初，我国要研制导弹。这是一项复杂的系统工程，涉及很多技术难关的突破，其中，在导弹靶场上建立大型光学观测系统是重要难题之一。一缺人，二缺设备，但王大珩同样表现出了极大的勇气，接受了这一艰巨的任务。

　　当时正是国家困难时期，科研人员常常吃不饱，但他带着几百号人奋力攻关，没日没夜地拼命干，长春光机所的灯经常通宵不灭！较劲儿的时候，王大珩几天几夜不离开工作现场，困急眼了就随便靠在一处打个盹儿，睁开眼睛再接着干。经过5年多的努力，1965年，150-1型光学电影经纬仪研制成功，并应用于我国导弹的靶场观测。

　　1999 年 9 月 18 日，在中华人民共和国成立 50 周年前夕，王大珩荣获两弹一星功勋奖章。在颁奖台上接过奖章的那一刻，王大珩的眼睛湿润了。

　　王大珩曾在接受采访时说过："从 20 世纪 50 年代我国光学的发展进程中我深深感到，在科学研究中我们要永远保持自力更生、艰苦奋斗、无私奉献、大力协同的优良传统和精神，要发扬崇尚科学、团结协作、追求一流、讲求正气的团队精神。这也是'两弹一星'精神。发展我国的尖端技术和整体的科学研究事业，我们都是靠这种精神指导才取得成绩的。"

王大珩具有卓越的科学眼光和战略思维，是一位战略科学家。

1986年3月，一封建议信被递上了党和国家领导人的案头，信中提出发展高技术的建议。建议信由王大珩和王淦昌、杨嘉墀、陈芳允4位老科学家联合提交，其中提到美国"星球大战计划"，认为我国也应采取适当的对策。

这封建议信得到了邓小平同志的高度重视，他亲自批示："此事宜速作决断，不可拖延。"

因相应展开的科技计划是1986年3月提出的，故这个计划简称"863"计划。这个面向21世纪的中国战略性高科技发展计划，让中国站到了世界高科技竞争的起跑线上！

　　"863"计划实施后，上万名中国科学家协同攻关创新，向高技术前沿不断挑战。

　　今天，我们引以为豪的中国空间站遨游太空、超级计算机速度领先世界、载人深潜器不断挑战海洋深度，甚至我们日常饭碗中的超级优质稻米，都是"863"计划结出的硕果！

　　作为这一计划的主要倡导者，2001年，王大珩荣获国家"863"计划特殊贡献先进个人称号。怀揣着一颗炽热的报国之心，晚年的他也总是将"时不我待""不落后于人"挂在嘴边。"863"计划的深远影响，证明了他的睿智和远见。

　　1985 年，在 70 岁生日之时，王大珩专门填了一首词，以表明自己的心迹：光阴流逝，岁月峥嵘七十。多少事，有志愿参驰，为祖国振兴。光学老又新，前程端似锦。搞这般专业很称心！

　　谈起科研秘诀，王大珩总是说："老老实实地用科学的态度来对待科学。"85 岁时，他仍亲自去上海、浙江、重庆等地调研科研问题，经常从早到晚都去参加座谈会，有时一个下午参观 4 个企业，最后累得连说话的力气都没有，回到北京便住进了医院。身边人都说，王大珩有一颗永不停歇的心，要把每一分、每一秒都用在工作上。

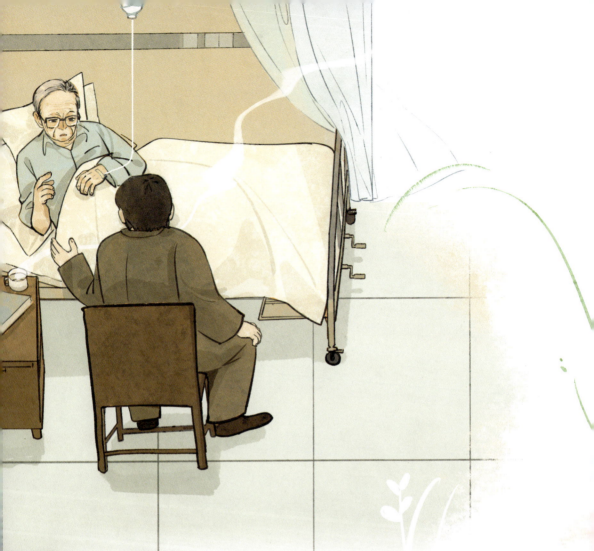

　　2006年，91岁的王大珩因病住院，但心中仍放不
下对光学问题的思考。一天，他请秘书约一位专家来
医院面谈，谈的还是关于如何提高光学系统性能的主
题。在病床上，王大珩对这位专家说："我晚上想着
这个问题，睡不着觉，一时也没有笔和计算器，就心
算了一些结果，请您看看有没有道理。"如此高龄，
其思路之清晰和计算之准确，令人惊叹。

2011 年 7 月 21 日，王大珩在北京逝世，享年 96 岁。他倾尽一生所学，发展中国光学事业。临终前，他说自己有三个心愿：一是编写中国光学的学科发展史；二是建立中国光学科技馆，让更多人了解光学知识；三是进行光学名词审定，出版光学名词的官方版本。弥留之际，他在病床上还坚持着起草光学名词审定的报告。

王大珩的毕生志向是为实现中国的强大而奋斗，他用一生的行动切实践行了他的志向。他说："在党的领导之下，我们要以开拓进取、创新的精神，来为我们祖国、为我们人民服务。"

43

延伸阅读

孔德学校

1917 年，著名教育家蔡元培与李石曾、沈尹默、马幼渔、马叔平等北京大学学者在北京创办的私立学校。学校的名字"孔德"取自法国实证主义哲学家奥古斯特·孔德，带有明显的民主科学色彩。这所学校很早就开始使用国语教科书，还配有大画家徐悲鸿画的插图。孔德学校堪称北京大学的子弟学校，蔡元培任名誉校长，钱玄同、周作人等著名学者都曾在孔德学校兼职授课。这所学校的学生中名人辈出，除了王大珩，还有物理学家钱三强、书法家启功、戏剧家吴祖光、话剧表演艺术家于是之、近现代女作家石评梅等。

星球大战计划

美国在 20 世纪 80 年代研议的一个反弹道导弹军事战略防御计划，该计划源自美国总统罗纳德·里根在 1983 年 3 月 23 日的一次著名演说。"星球大战计划"于 1985 年 1 月 4 日由美国政府立项，正式名称是反弹道导弹防御系统的战略防御计划，计划于 1994 年开始部署。其核心内容是以各种手段攻击敌方的外太空洲际战略导弹和外太空航天器，以防止敌对国家对美国及其盟国发动核打击。其技术手段包括在外太空和地面部署高能定向武器（如微波、激光、高能粒子束、电磁动能武器等）或常规打击武器，在敌方战略导弹来袭的各个阶段进行多层次的拦截。

八大件一个汤

20世纪50年代末，在王大珩的带领下，长春光机所不仅顺利度过艰苦的"创业"阶段，在基础设施与人才建设方面初具规模，而且还取得了一些科研成果，其中就包括"八大件一个汤"。"八大件"分别为万能工具显微镜、大型水晶摄谱仪、电子显微镜、晶体谱仪、高精度经纬仪、高温金相显微镜、多倍投影仪和光电测距仪；"一个汤"指的是第一炉光学玻璃。

第一台万能工具显微镜

第一台大型水晶摄谱仪

第一台电子显微镜

第一台晶体谱仪

第一台高精度经纬仪

第一台高温金相显微镜

第一台多倍投影仪

第一台光电测距仪

第一炉光学玻璃

"一竿子插到底"的精神

研制"八大件"的历程体现出了长春光机所科研团队由理论研究到生产攻关"一竿子插到底"的精神。王大珩对"一竿子插到底"的精神做了这样的解读：从预研、方案论证、研制，直至造出产品，一竿子插到底，全部承担。

两弹一星

"两弹一星"中的"两弹",一个是核弹,包括原子弹和氢弹,另一个是导弹;"一星"就是人造卫星。20世纪50年代末至70年代初,在党中央的正确领导下,我国科技工作者依靠自己的力量,仅用了10年左右的时间就创造了原子弹爆炸、导弹飞行和人造卫星上天的奇迹,取得了"两弹一星"事业的辉煌成就。

两弹一星功勋奖章

1999年9月18日,党中央、国务院、中央军委隆重表彰为我国"两弹一星"事业作出突出贡献的23位科学家,授予于敏、王大珩、王希季、朱光亚、孙家栋、任新民、吴自良、陈芳允、陈能宽、杨嘉墀、周光召、钱学森、屠守锷、黄纬禄、程开甲、彭桓武两弹一星功勋奖章,追授王淦昌、邓稼先、赵九章、姚桐斌、钱骥、钱三强、郭永怀两弹一星功勋奖章。

"两弹一星"精神

1999年9月18日,江泽民同志在表彰为研制"两弹一星"作出突出贡献的科技专家大会上发表讲话,将"两弹一星"精神概括为"热爱祖国、无私奉献,自力更生、艰苦奋斗,大力协同、勇于登攀"。"两弹一星"精神是推动我国社会主义建设事业不断发展的强大精神力量。